本书属于国家社科基金重大项目
——"梵文研究及人才队伍建设"

梵语文学译丛

毗尔诃纳五十咏

चौरपञ्चाशिका

[印度] 毗尔诃纳 著

傅浩 译

梵汉对照插图本
印度古典艳情诗集

中西書局

图书在版编目(CIP)数据

毗尔诃纳五十咏 /(印)毗尔诃纳著;傅浩译. —
上海:中西书局,2019
(梵语文学译丛)
ISBN 978-7-5475-1538-9

Ⅰ.①毗… Ⅱ.①毗… ②傅… Ⅲ.①诗集-印度-
古代 Ⅳ.①I351.22

中国版本图书馆 CIP 数据核字(2019)第083381号

毗尔诃纳五十咏

〔印度〕毗尔诃纳 著　　傅浩 译

责任编辑　孙本初
装帧设计　黄　骏
版式设计　傅　浩

出版发行　上海世纪出版集团
中西書局(www.zxpress.com.cn)
地　　址　上海市陕西北路457号(邮编　200040)
印　　刷　上海盛通时代印刷有限公司
开　　本　890×1240毫米　1/32
印　　张　3.875
字　　数　70 000
版　　次　2019年6月第1版　2019年6月第1次印刷
书　　号　ISBN 978-7-5475-1538-9/I·185
定　　价　38.00元

本书如有质量问题,请与承印厂联系。电话:021-37910000

目 录

译者序

一

从前，在印度，有一位诗人，受聘为某国公主的私人教师，但不久二人就两情相悦，私订终身了。后来公主怀孕了，国王闻知后大怒，下令将诗人处死。诗人在临刑前当场口占五十颂艳情诗，叙说与公主朝夕相处之乐，公主亦因与诗人别离而悲痛欲绝。这对恋人的奇才真情最终感动了国王，他遂赦免诗人，使有情人终成眷属。

这五十颂即兴创作的短诗不仅感动了国王，而且感动了世人，从此流传开来，广为人知。现存结集传世的抄本数量众多，但各本标题和作者名颇不一致。中部、西部和南部抄本大多题为《偷情五十咏》（*Caurapañcāśikā*），作者名为毗尔诃纳（Bilhaṇa），故又有题为《毗尔诃纳五十咏》（*Bilhaṇapañcāśikā*）、

1

《毗尔诃纳百咏》（*Bilhaṇaśataka*）、《毗尔诃纳戏剧》（*Bilhaṇanāṭaka*）、《偷情百咏》（*Cauraśataka*）、《偷情女交欢五十咏》（*Caurīsuratapañcāśikā*）或《新月五十咏》（*Śaśikalāpañcāśikā*）等。这些诗也作为部分内容收入《毗尔诃纳诗集》（*Bilhaṇakāvya*）和《毗尔诃纳传》（*Bilhaṇacarita*）。而东部抄本一般把这些诗归于孟加拉地区罗陀城小偷村的俊美王子（Sundara）名下，北部抄本之一的注疏者群主（Gaṇapati）则称作者名为大偷诗人（Cauramahākavi）。后两种都显然是绰号而非真名。有论者推测，可能是因为在这些诗东传的过程中，作者的真实姓名被忘掉了的缘故。①

至于国王和公主的名字，有的抄本前所附传说，如《偷情五十咏序》（"Pūrvapīṭhikā"）和《毗尔诃纳传五十咏序》（"Bilhaṇacaritapūrvapañcāśat"）等文献所述，也是莫衷一是，尽管故事情节都大致相同。东部抄本之一的注疏者罗摩达羯婆吉舍（Rāmatarkavāgīśa）

---

① 参见 S. N. Tadpatrikar, *Caurapancasika: An Indian Love Lament of Bilhana Kavi,* Poona: Oriental Book Agency, 1966 (Poona Oriental Series No. 86), 页 v; Barbara Stoler Miller, *Phantasies of a Love-Thief: The Caurapancasika attributed to Bilhana,* N. Y. and London: Columbia University Press, 1971 (Studies in Oriental Culture No. 6), 页 3–5。

说国王是瞿折罗国加钵羯吒朝的勇狮王（Vīrasiṁha），公主名为明女（Vidyā），又说名为新月（Śaśikalā），但据说该王在世年代早于毗尔诃纳百余年。南部抄本之一说国王是班遮罗国的狂喜王（Madanābhirāma），公主名叫制满志（Yāminīpūrṇtilakā），但于史无征。[①]传世的《偷情五十咏》唯一配图本则标明偷情诗人名为毗哩纳（Viḷnaḥ），公主名为阎那婆提（Yamṇavatī）（见本书插图）。

　　毗尔诃纳是生活在11世纪迦湿弥罗国（在今克什米尔一带）的出身婆罗门种姓的著名诗人，以大诗《超行天传》（*Vikramāṅkadevacarita*，又译《遮娄其王传》或《遮娄其王朝史》）闻名于世。其时，印度北方虽已开始遭受伊斯兰教徒入侵，但梵语仍旧是全境通用的文学语言。据达跋底哩伽尔（S. N. Tadpatrikar）引乔治·比勒所作的《超行天传》编者序说，毗尔诃纳于1062—1065年间离开迦湿弥罗，1085年前后创作了这部大诗。在末尾的整个第十八章中，诗人自述了自己的生平，尤其是周游列国的经历，但其中并没有秽乱宫廷、偷情作诗的情节。[②]据巴巴拉·斯托勒·米

---

① S. N. Tadpatrikar，前揭书；Barbara Stoler Miller，前揭书，页5、188。
② S. N. Tadpatrikar，前揭书，页 v。

勒（Barbara Stoler Miller）所转述，毗尔诃纳在完成吠陀经论和各种诗学的学习之后离开迦湿弥罗，首先南行至秣菟罗国，凭借出众才学，轻松战胜当地众学者，从此家喻户晓、妇孺皆知。而后东行至羯若鞠阇国，一举征服该国都城。又南行至圣地钵罗耶伽（今阿拉哈巴德市），遂至婆罗疤斯国（今瓦拉纳西市），邂逅诸王子恶少，后在恒河圣水中沐浴涤罪。随后，继续南行至达曷罗国，在羯罗朱利朝迦尔纳王（1034—1073 在位）宫廷小住，征服诗人恒河持（Gaṅgādhara）。又西行至瞿折罗国（今古吉拉特邦），似乎在那里遇到了些麻烦，于是前往沿海城市苏摩那（今索姆纳特地区），从那里浮海南行。一度在南方闲游，致力于作诗歌咏女性之美。后至迦利安纳城，遇西遮娄其国王超日六世（Vikramāditya VI，1076—1127 在位），被礼聘为"明主"（vidyāpati，宫廷首席学者）。作为回报，他创作了歌颂国王丰功伟绩的宫廷史诗《超行天传》。[1]据 12 世纪诗人迦尔诃纳（Kalhaṇa）所作长篇历史叙事诗《王河》（*Rājataraṅginī*）第八卷第 935—938 行载述："毗尔诃纳在迦罗娑王在位时离开了迦湿弥罗国，被羯罗那吒国波罗摩底王礼聘为明主。在山国内乘象旅行时，他的伞

---

① Barbara Stoler Miller，前揭书，页189。

盖总是高举在国王前头。当他听说崇尚自由的诃罗奢对待真正的诗人犹如亲人一般时，就觉得即便如此巨大的荣耀也不过是一种欺骗。"① 合而观之，羯罗那吒国波罗摩底王应即西遮娄其国王超日六世。看来，毗尔诃纳似乎最终又回到了北方故国。

据巴巴拉·斯托勒·米勒说，《超行天传》第七至九章叙述超日王与羯罗诃陀国公主月牙（Chandralekhā）的婚恋情事，其中对公主之美和男欢女爱的细节描写倒颇类《毗尔诃纳五十咏》。而且，成书于14世纪（1323年前后）的梵语诗选集《持弓之道》（*Śārṅgadharapaddhati*）收录有出自《超行天传》和《毗尔诃纳五十咏》的诗作，而这些作品均归于毗尔诃纳名下。②

此外，毗尔诃纳还著有诗剧《美耳女》（*Karṇasundarī*），讲述瞿折罗国王迦尔纳与持明（一种半神）女美耳女的风流韵事，其中有些片段也与《毗尔诃纳五十咏》风格相似。然而，他最受欢迎的作品似乎还是这部小小的抒情诗集《毗尔诃纳五十咏》，其别名《偷情五十咏》则更广为人知。

---

① 引自 S. N. Tadpatrikar，前揭书，页 vi。
② Barbara Stoler Miller，前揭书，页 3–4。

二

　　《毗尔诃纳五十咏》是印度梵语文学史上的名著。这是一部仅收录有五十首艳情短诗的小诗集，或者更准确地说，是主题一致、风格一贯的一组诗。虽然主题都集中于对男欢女爱的昔日好时光的回忆，但每颂诗内容相对独立，彼此间也没有逻辑关系，更像是随意汇集的、非一时一地之作。其实这正是印度传统"若干咏"抒情诗集（或曰组诗）的一个特点：统一在一个主题之下的杂乱无序的独立篇什的堆积，例如更早的《阿摩卢百咏》和更晚的泰戈尔诗集。《毗尔诃纳五十咏》的独特之处在于，所有诗作（或诗节）都用一种诗体（vasantatilakā，春天吉祥志体）写成，都用第一人称发言，每颂都以同样语词"直到现在"起头排比等形式手段营造出一贯的风格，从而给人以一种无序而有章的较为密切的关联感。

　　尽管其背景颇具故事性，但《毗尔诃纳五十咏》并未采取有头有尾的历时叙述方法，而是采取即时呈现方法，让故事中主人公直接现身说法，其独白敷衍成篇，从而赋予整部作品以戏剧性。戏剧性是梵语古典文学的一大特点，无论大诗（史诗）小诗（抒情诗），都具有强烈的戏剧性。盖戏剧源于祭仪，是文学的滥觞，人类最早的文学理论著作，如古希腊亚里士多德的《诗学》和印度婆罗多的《舞论》，都是主要讨论戏剧的。主人公的忆述不是按照事件发生的先后次序排列，而是想到哪儿讲到哪儿的散碎印象的拼缀，给人的空间铺排感似大于时间相续感。这种似乎不假后期编辑加工的自由联想式的创作实录，更接近人的真实心理活动和思维方式。当然，这些诗作现今呈现在读者眼前的面貌必是经过后人辑录编订的；尽管像大多数古代作品一样，在传抄过程中不免遭受增删改作，但这并未改变其创作过程的即兴性质。格式上，省略了"若干咏"诗集惯有的敬神或祈愿性质的开场诗，大概是因为作者原本就没有作。煞尾诗倒是有一颂，一如传统，有着此类诗惯有的煞有介事的说教味儿，但味道不很浓。

这些诗作的内容沿袭了迦梨陀娑《六季杂咏》、伐致诃利《艳情百咏》和《阿摩卢百咏》等所代表的艳情诗传统，无非表现热恋中种种缠绵悱恻、悲欢离合的儿女情态，而艺术质量品格则等而下之，状物抒情手法浅陋粗略，布景造境甚至设喻措辞都不乏程式化的陈腔滥调，诚如金克木先生所言，"只能算是表现色情的庸俗作品"①。然而，其表现的色情味道也不是十分浓烈，并无过分出格之处。在印度古代男性诗人的笔下，女性往往只是天

---

① 金克木：《梵语文学史》，南昌：江西教育出版社，1999年，页366。

生尤物、欲望对象而已，极少有像欧洲男性诗人所讴歌的那样"引领我们上升"的灵魂伴侣形象，即便其贵为公主，也摆脱不了习俗所赋予的那些基本属性。何况此处"公主"之名未必尽副其实呢。巴巴拉·斯托勒·米勒即认为，诗中偶见的"公主"之称大可被视为诗人对女友的一种浮夸昵称，而不必径作字面理解。[①] 人在热恋中往往会花言巧语、滥情夸张，无论怎样都不嫌过分。除去诸如此类的描写水分之外，诗人在生死关头坦然直面人之常情的真情实感，毫不忸怩作态，如鸟之将死，其鸣也哀，不亦算得上质朴和诚实呢？

有背后的传说支撑，贯穿整个诗集的总体情味，按照印度古典文论的说法，可谓具有悲剧意味的分离艳情味。在此大框架下，又可析出若干小单位，其中大部分应归为具有喜剧意味的会合艳情味。与毗尔诃纳同时代的文论家曼摩吒（Mammaṭa）说："艳情味分为两类：会合和分离。其中，会合艳情味只能统称为一类，因为互相注视、拥抱、接吻等等，花样繁多，分不胜分。……而分离艳情味分成五种，以渴望、孤独、妒忌、旅居和诅咒为原因。"[②] 此诗集中的分离味可以说只是一种，即表现爱别离苦的渴望

---

① Barbara Stoler Miller，前揭书，页2。印度人惯用种种描述特点的别名、诨号称呼人物，许多著名人物传世的名号都不是真实姓名，例如佛陀就有无数的尊称名号。

② 曼摩吒：《诗光》第4章第29节疏，载黄宝生译：《梵语诗学论著汇编》，下册，页621—622。

味；其笼罩下的会合味则不止一种。例如，表现两性交合的欢爱味，涉及此味的诗作数量最多，计有十四颂，其中似又可细分为写欢爱中味和欢爱后味者，第七、九、十二、十三、十七、十八、二十二、四十八颂属前者，第四、五、十、十五、二十一、四十四颂属后者。此外，还有表现拥抱味的第六颂、接吻味的第八颂、爪掐味的第三十五颂等等。印度传统味论如此划分主题或情境不能不说还略嫌粗糙，因为有的作品可能并不单有一味，而是多味混合的，而有的作品所表现的味竟无法归类，例如此诗集中就有不少单纯赞叹女主人公美貌的篇什，除了被视为表现男主人公瘼寐思服的分离味之作外，似别无更细致的分法可归属。[①]

据达跋底哩伽尔说，毗尔诃纳所尊崇的文学楷模是有"印度的莎士比亚"之称的迦梨陀娑，因为在其剧作《美耳女》结尾处他如是写道："此即迦梨陀娑的文辞之道。"那么效法楷模自然在乎情理之中。但拿《毗尔诃纳五十咏》比《云使》却颇嫌不类。[②] 前者主抒情，而后者重情节，尽管在程式化的修辞手法方面容或有相似之处。

---

① 对曼摩吒等人味论的质疑，详见拙作《译者序：一颂诗抵百卷书》，载傅浩译：《阿摩卢百咏》，上海：中西书局，2016年，页15。
② S. N. Tadpatrikar，前揭书，页 vii。

倒不如说《毗尔诃纳五十咏》与迦梨陀娑的另一部作品《时令之环》（又译《六季杂咏》）更可比些。这部"艳情诗的前驱"[1]同样以抒情为主，亦有不少情色描写，倒是与《毗尔诃纳五十咏》不无相似之处，但后者在想象和文辞方面都要逊色得多。尽管如此，乔治·比勒（George Bülher）基于大诗《超行天传》对毗尔诃纳的评价并不算低："他的创作值得挽救，以免于遗忘。……他拥有诗性的火花。每一卷都有真正美丽的段落。毗尔诃纳的诗句流畅而富有乐感，他的语言简单质朴。"[2]一位在梵语即将式微的时代的诗人，能拥有如此成就，享有如此名声，已属难能可贵；其诗犹如我国的清诗，虽不及唐诗那样的高峰，但自有其独具的特点和魅力。

三

《毗尔诃纳五十咏》传世抄本很多，据巴巴拉·斯托勒·米勒的不完全搜集、统计，

----

① 金克木语，见金克木：《梵语文学史》，页365。
② 引自 S. N. Tadpatrikar，前揭书，页 viii。

应不下百种。现存最早的全本可确认为造于16世纪，尽管据说零散诗作早在10世纪就已存在。这些抄本可大致分为两类校勘本：北本和西南本。各类再按照可确定的发现地分为四种类型。各类型又依据文本的相似度分为若干种版本。其余零星抄本和混合抄本则各归为一类。[①] 这些抄本的文字彼此间差异颇大，还有些坏损不可解处，注释者往往凭己意臆解甚至改写之。而据达跋底哩伽尔说，至少有三种校勘本：迦湿弥罗本、北本和南本。三种本子中，文字完全相同的诗作仅有五颂：第一、二、十一、十二和五十颂，其余则可说南辕北辙，大相径庭。注疏有许多种，知名的作者有四位，分别为：群主、大自在或生主（Maheśvara 或 Bhaveśvara）、罗摩达羯婆吉舍和罗陀黑天（Rādhākṛṣṇa），其中第一种题为《登徒子骗心者释》（*Vilasijanacittakairavacandrikā*）；[②] 不知名的注疏者则不计其数。已知配有插图的抄本只有一种，也许也是已知最古老的抄本之一，纸本彩色，一诗一画，诗属北本之一，画属16世纪初拉贾斯坦风格，现存只有十八叶，藏于印度古吉拉特博物馆学会。

《毗尔诃纳五十咏》在19世纪早期被欧洲人"发现"，从此才开始有印本问世。

---

① Barbara Stoler Miller，前揭书，页98–134。
② S. N. Tadpatrikar，前揭书，页 iv；Barbara Stoler Miller，前揭书，页5。

11

1833年，德国柏林出版了佩德鲁斯·冯·博伦翻译的拉丁文本《伐致诃利的格言诗和名为偷情者抒写艳情的情歌》（*Bhartṛharis Sententiae et Carmen quod Chauri Nomine Circumfertur Eroticum*），附有梵文本作为对照。这是最早的印本，也是最早的译本，所据底本为北本之一。

1847年，印度加尔各答出版了 J.海柏林编的梵文本《诗集》（*Kāvyasaṁgraha*），其中收录有一种北本。

1848年，法国巴黎《亚洲学刊》第四卷第十一期刊载了 M.阿利叶尔的法文译释本《偷情五十咏或毗尔诃纳传》（"Les Cinquantes (Couplets) de Tchora ou Histoire de Bilhaṇa"），所附梵文本为南本之一。

1886年，德国哈雷出版了威廉·索福特编的一种迦湿弥罗本《迦湿弥罗本五十咏》（*Die Kaśmir-Recension der Pañcāśikā*）。

1896年，英国伦敦出版埃德文·阿诺德爵士用传统诗体翻译的据说很不精确的英文译本《偷情五十咏：印度爱情挽歌》（*The Caurapañcāśikā: An Indian Love Lament*）。

1903年，印度孟买出版了 P.湿婆所赐与 K.P.钵罗波合编的梵文诗刊《诗鬘》（*Kāvyamāla*）第十三期，其中收录有一种混编本。

1928年，美国纽约出版的马可·凡·多伦编的《世界诗歌选集》收录了爱德华·波伊斯·梅瑟斯自由改写的"英译本"，题为《黑色金盏花:〈偷情五十咏〉的自由释义》（"Black Marigolds: A Free Interpretation of the *Caurapañcāśikā*"）。

1946 年，印度浦那出版了 S.N. 达跋底哩伽尔编译注释的梵英对照本《偷情五十咏：毗尔诃纳的印度爱情挽歌》（*Caurapañcāśikā: An Indian Love Lament of Bilhana Kavi*），其所据底本为北本之二种，英译为释义散文。

1964 年，德国哈瑙出版了戈尔哈特·高尔维泽尔的相当自由的德文译本《学者毗尔诃纳的偷情五十咏》（*Des Pandit Bilhana Fünfzig Strophen von Heimlicher Liebeslust*）。

1966 年，美国纽约出版了格特鲁德·克洛琉斯·施威伯尔的自由诗体英文译本《学者毗尔诃纳的偷情之乐》（*The Secret Delights of Love by the pundit Bilhana*）。

1971 年，美国纽约出版了巴巴拉·斯托勒·米勒考订编译的梵英对照本《偷情者的绮思：归于毗尔诃纳名下的〈偷情五十咏〉》（*Phantasies of a Love-Thief: The* Caurapañcāśikā *attributed to Bilhana*），其中包括精校的北本和西南本各一。法国普罗旺斯出版彼埃尔·罗兰译的法文本《偷情五十咏》（"les cinquante stances du voleur"）。

2000 年，约翰·T. 罗伯茨译释的梵英对照释读本《毗尔诃纳的〈偷情五十咏〉》（*The Thief, His Fifty Verses: Bilhana's* Caurapañcāśikā）问世，可能是私人自费印制的出版物，所据底本为北本。

2005 年，美国纽约出版了理查德·冈布里奇译的梵英对照本《毗尔诃纳：偷情五十咏》（"Bilhana: The Fifty Stanzas of a Thief"），所据底本为北本。

2013 年，在线杂志 otisnebula.com 发表了道恩·柯瑞根自由改写的英译本《偷情者的绝唱：毗尔诃纳〈偷情五十咏〉改写本》（"Swan Song of the Thief: An Adaptation of Bilhana's *Caurapañcāśikā*"）。另有一译者不详的诗体英译本《偷情五十咏》（*The Caurapañcāśikā [The Love-Thief]*）问世。[1]

由于国内资源所限，上列诸印本，大多未能亲睹。手头所得仅有 S.N.达跋底哩伽尔、巴巴拉·斯托勒·米勒和理查德·冈布里奇的译著共三种，以及据第一种输入的纯梵文电子文本。笔者最先遇到的是第一种，故别无选择，只能以其中的梵文本为底本着手迻译。此编校本基于北本，拼写字母为天城体，偶有印刷错误，即随译随参照后来得到的第二、三种本子校正之。其中的英文翻译属松散的字面释义散文，不算十分精确，而且诗味寡

---

[1] 见 Barbara Stoler Miller，前揭书，页 123；"Caurapañcāśikā", Wikipedia < https://en.wikipedia.org/wiki/Caurapa%C3%B1c%C4%81%C5%9Bik%C4%81>。

淡，借用格雷格·贝利评论C.R.提婆陀罗的《阿摩卢百咏》英文译文的话来说，是"相当有用的英语释义"，"试图充分解释诗作的意思，时而掺入一些注疏内容，不能算是以诗译诗"。[①]注释和译序也略嫌粗陋。但由于是第一个印度人所作的"权威"注译本，后来的英文改写者多据以为蓝本。第二种是迄今为止材料搜罗和文本考订最为精详的学术专著。其中录有两种拉丁字母转写的梵文精校本，作者称其为北本和西南本，以及校本外的十七颂散见诗，前者与达跋底哩伽尔编校本基本相同，仅个别措词有出入；相应的英文翻译为自由诗，也不是十分精确。第三种所录梵文本也是用拉丁字母转写的，据英文译者说，是他自己根据不止一种抄本编校而成的。与达跋底哩伽尔编校本对比，相异处不算太多，应该也是主要以北本为底本的；英文译文则采用整齐的六行诗体，而且语义上也较贴近原文。

　　作为首部汉译全本，拙译在研究上尚嫌不足，唯有在文辞上用功雕琢而已。原诗五十颂一律采用春天吉祥志体，[②]每行十四个音节，格律为：长长短（ta）长短长（bha）短长

---

① Greg Bailey, "Introduction" to *Love Lyrics by Ámaru, Bhartṛhari and Bilhaṇa,* The Clay Sanskrit Library, New York University Press and JJC Foundation, 2005, 页 20。

② 这种情况似乎不很常见。一般在一部诗集内，诗人往往会根据诗的内容和情调所需采用不止一种诗体，例如《阿摩卢百咏》就采用了六种诗体。

短（ja）短长短（ja）长（ga）长（ga），行中停顿在第八音节后。用符号表示为：— —
⌣，—⌣—，⌣—ˇ，⌣—⌣，—，—。由于梵文是拼音文字，与汉文的语义容量不对
等，所以拙译并不一律以每行十四个汉字（相当于音节）来对应原文的十四个音节，而是
让译文内容自然延展成字数和顿数相当的四行，以对应原文每行音节数与音步数相等的体
式。这是内在规律的实质对应，而非外在形式的机械对等。

　　本书插图出自巴巴拉·斯托勒·米勒著译的梵英对照校注本《偷情者的绮思：归于
毗尔诃纳名下的〈偷情五十咏〉》（*Phantasies of a Love-Thief: The* Caurapañcāśikā *attributed to*
Bilhana）。

傅　浩

2017 年 3 月 8 日动笔

2017 年 8 月 4 日译竟

毗尔诃纳五十咏

अद्यापि तां कनकचम्पकदामगौरीं

फुल्लारविन्दवदनां तनुरोमराजीम् ।

सुप्तोत्थितां मदनविह्वललालसाङ्गीं

विद्यां प्रमादगुणितामिव चिन्तयामि ॥ १ ॥

一

直到现在，我还想念那女孩：她肤如
　　金色占婆花[1]，面似盛开的莲花，脐上
一线细茸毛[2]，睡醒将起时，浑身充满
　　躁动情欲，就好像醉酒而神志不清。

----

① 占婆：又译占婆迦，印度特产的一种树，属木兰科，花金黄色，甚香。
② 印度传统视肚脐以上纵向生有一线细毛为美女标志之一。

अद्यापि तां शशिमुखीं नवयौवनाढ्यां

पीनस्तनीं पुनरहं यदि गौरकान्तिम् ।

पश्यामि मन्मथशरानलपीडिताङ्गीं

गात्राणि संप्रति करोमि सुशीतलानि ॥ २ ॥

二

直到现在，如果我再度见到她——面如
　　满月，丰满的乳房富有青春的气息，
洁白美丽，肢体被爱神的箭火^①煎熬——
　　立刻，我就会让肢体清凉平静下来。

---

① 据印度神话，爱神迦摩（意译欲天）以甘蔗为弓，蜜蜂为弦，鲜花为箭。中箭者即欲火焚身，坠入
　　情网。

अद्यापि तां यदि पुनः कमलायताक्षीं

पश्यामि पीवरपयोधरभारखिन्नाम् ।

संपीड्य बाहुयुगलेन पिबामि वक्रम्-

उन्मत्तवन्मधुकरः कमलं यथेष्टम् ॥ ३ ॥

三

直到现在，如果再见她，眼大如莲瓣，

　不堪丰满乳房的重负而疲惫，我会

用双臂箍紧她，从她口中畅饮，就像

　蜜蜂渴望从莲花畅饮般，如痴如醉。

अद्यापि तां निधुवनक्रमनिःसहाङ्गीम्-
आपाण्डुगण्डपतितालककुन्तलालिम् ।
प्रच्छन्नपापकृतमन्थरमावहन्तीं
कण्ठावसक्तमृदुबाहुलतां स्मरामि ॥४॥

四

直到现在，我还记得她，肢体不胜
　交欢的疲倦，发丝缕缕披落白皙
脸颊上，内心深藏隐秘罪疚，如藤
　柔软的双臂紧紧缠抱我的脖子。

अद्यापि तां सुरतजागरघूर्णमान-

तिर्यग्वलत्तरलतारकमायताक्षीम् ।

श‍ृङ्गारसारकमलाकरराजहंसीं

व्रीडाविनम्रवदनामुषसि स्मरामि ॥५॥

五

直到现在，我还记得她，大眼星眸

　　贪欢不眠，滴溜溜乱转，左右斜睨，

好像莲花湖中情欲亢奋的天鹅，

　　黎明到来时分含羞低垂下脸庞。

अद्यापि तां यदि पुनः श्रवणायताक्षीं

पश्यामि दीर्घविरहज्वरिताङ्गयष्टिम् ।

अङ्गैरहं समुपगुह्य ततो ऽतिगाढं

नोन्मीलयामि नयने न च तां त्यजामि ॥ ६ ॥

六

直到现在，如果再见她，大眼如星，

　　窈窕身体因久别而燥热，我会照样

紧紧抱住她，肢体紧贴，然后紧紧

　　闭上眼睛，不再睁开，不再放开她。

अद्यापि तां सुरतताण्डवसूत्रधारीं

पूर्णेन्दुसुन्दरमुखीं मदविह्वलाङ्गीम् ।

तन्वीं विशालजघनस्तनभारनम्रां

व्यालोलकुन्तलकलापवतीं स्मरामि ॥७॥

七

直到现在，我还记得她，交欢中领舞，
　　面庞美丽如满月，四肢如醉又如狂，
纤细的身形不胜丰乳肥臀的重负
　　而弯曲，头上发辫也纷披松散开来。

अद्यापि तां मसृणचन्दनपङ्कमिश्र-

कस्तूरिकापरिमलोत्थविसर्पिगन्धाम् ।

अन्योन्यचञ्चुपुटचुम्बनलग्नपक्ष्म-

युग्माभिरामनयनां शयने स्मरामि ॥ ८ ॥

八

直到现在，我还记得她，在床上
　　散发着柔和的檀香混合麝香
那种馥郁的气味；彼此像小鸟
　　接吻时，她美目闭合，睫毛忽闪。

अद्यापि तां निधुवने मधुपानरक्तां

लीलाधरां कृशतनुं चपलायताक्षीम् ।

काश्मीरपङ्कमृगनाभिकृताङ्गरागां

कर्पूरपूगपरिपूर्णमुखीं स्मरामि ॥ ९ ॥

九

直到现在，我还记得她，交欢中，面色酡红，
　　嘴唇颤抖，身体纤柔，大眼睛滴溜溜乱转，
身上涂彩，抹着迦湿弥罗红花①和麝香膏，
　　脸上施粉，扑着满满的樟脑和蒟酱叶末。

———————————

① 迦湿弥罗即今克什米尔地区，该地特产的红花即通常所谓的藏红花。

अद्यापि तत्कनकगौरकृताङ्गरागं

प्रस्वेदबिन्दुविततं वदनं प्रियायाः ।

अन्ते स्मरामि रतिखेदविलोलनेत्रं

राहूपरागपरिमुक्तमिवेन्दुबिम्बम् ॥ १० ॥

十

直到现在，临终时 [1] 我还念着爱人的脸面，
　　涂抹着藏红花膏的金色，布满津津汗珠，
目光由于欢爱之后的疲惫而游移不定，
　　就好像一轮明月刚刚摆脱罗睺 [2] 的吞食。

---

[1] 有注释者认为原文"**अन्ते**"是指交欢终了时。但在此亦可理解为生命终了时。意义两可。

[2] 据古印度神话，天神与阿修罗合作搅乳海，以获取落入其中的不死甘露。得到甘露后，由大神毗湿奴先分给天神饮用。阿修罗之一罗睺变化成天神，混在其中偷喝甘露，被日神和月神发现并告发。毗湿奴怒将罗睺斩首，但其首已饮甘露而得不死，遂追逐日月吞食之，日月总是被吞下又从其嗓子眼里漏出。这就是日蚀和月蚀的来历。

अद्यापि तन्मनसि संपरिवर्तते मे

रात्रौ मयि क्षुतवति क्षितिपालपुत्र्या ।

जीवेति मङ्गलवचः परिहृत्य कोपात्-

कर्णे कृतं कनकपत्रमनालपन्त्या ॥ ११ ॥

十一

直到现在，那情景还在我心中翻腾：

　　夜里，我打了喷嚏，公主正在生闷气，

故意不说"长命百岁"这样的吉祥话^①，

　　默不作声，给耳朵戴上金叶子耳坠。

---

① 印度习俗，遇人打喷嚏，必口称"长命百岁"以禳之，盖因部分精魄会随气息喷出而被鬼魅吸取。

अद्यापि तत्कनककुण्डलघृष्टगण्डम्-

आस्यं स्मरामि विपरीतरताभियोगे ।

आन्दोलनश्रमजलस्फुटसान्द्रबिन्दु-

मुक्ताफलप्रकरविच्छुरितं प्रियायाः ॥१२॥

十二

直到现在，我还记得爱人的脸庞，
　颠鸾倒凤交欢的时候，用力摇动，
纯金耳环摩擦着面颊，香汗淋漓，
　仿佛密密悬挂着颗颗晶莹珍珠。

अद्यापि तत्प्रणयभङ्गगुरुदृष्टिपातं
तस्याः स्मरामि रतिविभ्रमगात्रभङ्गम् ।
वस्त्रञ्चलस्खलतचारुपयोधरान्तं
दन्तच्छदं दशनखण्डनमण्डनं च ॥ १३ ॥

十三

直到现在，我还记得她含情
　　睇盼，欢爱中身体频频律动，
衣袂滑落露出美好的乳房，
　　嘴唇上面装饰着我的齿痕。

अद्याप्यशोकनवपल्लवरक्तहस्तां
मुक्ताफलप्रचयचुम्बितचूचुकाग्राम् ।
अन्तः स्मितोच्छ्वसितपाण्डुरगण्डभित्तिं
तां वल्लभामलसहंसगतिं स्मरामि ॥ १४ ॥

十四

直到现在，我还念着我那心上人，
　小手红似无忧树^①嫩叶，珍珠项链
亲吻着乳头，白皙面颊微露笑意，
　姿态就好像天鹅那般慵懒优雅。

---

① 无忧树是一种热带常绿植物，花橘红色，叶深绿色，但嫩时为红色。此树在印度被视为圣树，与诸多
　神话传说有关，据说爱神迦摩的五支花箭之一即无忧花，可催生情欲。

第十五颂配图

अद्यापि तत्कनकरेणुघनोरुदेशे

न्यस्तं स्मरामि नखरक्षतलक्ष्म तस्याः ।

आकृष्टहेमरुचिराम्बरमुत्थिताया

लज्जावशात्करघृतं च ततो व्रजन्त्याः ॥ १५ ॥

十五

直到现在，我还记得她：那涂着金粉、
　　肥美的大腿上面留下的指甲印痕[①]；
起身时被我揪住金光闪闪的衣袂，
　　她害羞用手捂住那伤痕，抽身逃走。

---

① 印度传统性爱技巧包括咬法和掐法，成书于公元4或5世纪的筏蹉衍那《欲经》中辟有专章论及。恋人
　　以欢爱后留有咬痕和掐痕为荣，视之为激情的印迹。

अद्यापि तां विधृतकज्जललोलनेत्रां

पृथ्वीं प्रभूतकुसुमाकुलकेशपाशाम् ।

सिन्दूरसंलुलितमौक्तिकदन्तकान्तिम्-

आबद्धहेमकटकां रहसि स्मरामि ॥ १६ ॥

十六

直到现在，我还记得她，肥美如大地，
　　我俩独处时，闪烁的眼睛描画烟黛，
发辫中编着无数花朵，牙齿似珍珠
　　亮晶晶略带浅红，手臂上箍着金钏。

अद्यापि तां गलितबन्धनकेशपाशां
स्रस्तस्रजं स्मितसुधामधुराधरौष्ठीम् ।
पीनोन्नतस्तनयुगोपरिचारुचुम्बन्-
मुक्तावली रहसि लोलदृशं स्मरामि ॥ १७ ॥

十七

直到现在，我还记得她，幽会时，发辫
　　披散，花环掉落，红唇上悬挂着甜似
甘露的微笑，丰满高耸的双乳上面
　　珍珠项链与肌肤相亲吻，眼波流转。

第十八颂配图

अद्यापि तां धवलवेश्मनि रत्नदीप

मालामयूखपटलैर्दलितान्धकारे ।

प्राप्तोद्यमे रहसि संमुखदर्शनार्थं

लज्जाभयार्तनयनामनुचिन्तयामि ॥ १८ ॥

十八

直到现在，我还忆起她：幽会时，

    在那白宫里，宝石灯驱走黑暗；

我千方百计想要面对面看她，

    她的眼中却满含羞涩和忧惧。

第十九颂配图

अद्यापि तां विरहवह्निनिपीडिताङ्गीं

तन्वीं कुरङ्गनयनां सुरतैकपात्रीम् ।

नानाविचित्रकृतमण्डनमावहन्तीं

तां राजहंसगमनां सुदतीं स्मरामि ॥ १९ ॥

十九

直到现在，我还念着她，鹿眼窈窕女，
　　欢爱的唯一容器，肢体受离别之苦
煎熬而憔悴，施涂着种种艳丽妆饰；
　　皓齿如珍珠；姿态优雅宛若大天鹅。

第二十颂配图

25

अद्यापि तां विहसितां कुचभारनम्रां

मुक्ताकलापधवलीकृतकण्ठदेशाम् ।

तत्केलिमन्दरगिरौ कुसुमायुधस्य

कान्तां स्मरामि रुचिरोज्ज्वलपुष्पकेतुम् ॥ २० ॥

二十

直到现在，我还念着她，笑意盈盈的
　爱人，腰身被乳房的重负压弯，颈项
被珍珠项链映白——爱神嬉游所在的
　曼多罗山[①]上，花盆中灿烂明媚的花旗。

---

① 曼多罗山是印度传说中的圣山，天神与阿修罗合作搅乳海时曾用为搅棒，其中居住着诸多神祇，包括
　爱神迦摩。

अद्यापि चाटुशतदुर्ललितोचितार्थं
    तस्याः स्मरामि सुरतक्षममविह्वलायाः ।
अव्यक्तनिःस्वनितकातरकथ्यमान-
    संकीर्णवर्णरुचिरं वचनं प्रियायाः ॥ २१ ॥

二十一

直到现在，我还记得心上人
    欢爱到精疲力竭，含羞带怯，
断断续续说好多甜言蜜语，
    声音含糊不清，意思又费解。

第二十二颂配图

अद्यापि तां सुरतघूर्णनिमीलिताक्षीं

स्रस्ताङ्गयष्टिगलितांशुककेशपाशाम् ।

श‍ृङ्गारवारिरुहकाननराजहंसीं

जन्मान्तरे ऽपि निधने ऽप्यनुचिन्तयामि ॥ २२ ॥

二十二

直到现在，临死之际，甚至在来世，
  我都想她，交欢时阖眼摇动，衣衫
滑落，发辫披散，窈窕的肢体松弛，
  宛如情爱莲花丛中戏水的天鹅。

अद्यापि तां प्रणयिनीं मृगशावकाक्षीं

पीयूषपुर्णकुचकुम्भयुगं वहन्तीम् ।

पश्याम्यहं यदि पुनर्दिवसावसाने

स्वर्गापवर्गनरराजसुखं त्यजामि ॥ २३ ॥

二十三

直到现在，假如在日暮时分，我再度

　得见爱人——她有着小鹿的眼睛，怀抱

一对盛满了甘露的水罐似的乳房，

　我情愿放弃人王、天神或解脱之乐。

चंयावती   विदून:

第二十四颂配图

अद्यापि तां क्षितितले वरकामिनीनां

सर्वाङ्गसुंदरतया प्रथमैकरेखाम् ।

शृङ्गारनाटकरसोत्तमपानपात्रीं

कान्तां स्मरामि कुसुमायुधबाणखिन्नाम् ॥ २४ ॥

二十四

直到现在，我还念着她，心上人，
　　在世间绝色美女中位列第一，
肢体完美，是艳情戏味的最佳
　　饮器，且深受爱神的花箭折磨。

第二十五颂配图

33

अद्यापि तां स्तिमितवस्त्रमिवाङ्गलग्नां

प्रौढप्रतापमदनानलतप्तदेहम् ।

बालामनाथशरणामनुकम्प्नीयां

प्राणाधिकां क्षणमहं न हि विस्मरामि ॥ २५ ॥

二十五

直到现在，我还一刻都不能忘记她，
　　那比性命还宝贵的女孩，她的肉体
充满燃烧的情欲，好像潮湿的衣裳
　　一般黏人，因失去怙主^①而可怜无助。

---

① 怙主：保护者。旧时印度女子视丈夫或情人为主人和保护者。此处指诗中发言者。

第二十六颂配图

35

अद्यापि तां प्रथमतो वरसुन्दरीणां

स्नेहैकपात्रघटितामवनीशपुत्रीम् ।

हंहोजना मम वियोगहुताशनोऽयं

सोढुं न शक्यत इति प्रतिचिन्तयामि ॥ २६ ॥

二十六

直到现在，我还在想她，那公主，
　绝色美女之中第一人，被造成
爱欲唯一的饮器："呜呼，世人哪，
　这团别离的烈火我无法忍受！"①

---

① 此处直接引语或被认为是发言者对命运呼告，或被认为是发言者被押赴刑场途中对围观群众呼告，或
被认为是发言者想象公主为其求情。

第二十七颂配图

अद्यापि विस्मयकरीं त्रिदशान्विहाय

बुद्धिर्बलाच्चलति मे किमहं करोमि ।

जानन्नपि प्रतिमुहूर्तमिहान्तकाले

कान्तेति वल्लभतरेति ममेति धीरा ॥ २७ ॥

二十七

直到现在，明知大限正刻刻逼近，
　心思还是把诸神抛在脑后，强行
转向令人称奇的她——我还能干啥？
　"忠贞的人儿，我的亲亲，我的最爱！"

अद्यापि तां गमनमित्युदितं मदीयं

श्रुत्वैव भीरुहरिणीमिव चञ्चलाक्षीम् ।

वाचः स्खलद्भिगलदश्रुजलाकुलाक्षीं

संचिन्तयामि गुरुशोकविनम्रवक्त्राम् ॥ २८ ॥

二十八

直到现在，我还在想她，一听人对我说：

　"走吧！"① 就语无伦次，眼神好像胆小的

母鹿也似的惊惶不安，满眶的泪水，

　扑簌簌落下，沉重的悲伤把头压低。

---

① 发言者被执法者逮捕时的情形。

第二十九颂配图

अद्यापि तां सुनिपुणं यतता मयापि

दृष्टं न यत्सदृशतोवदनं कदाचित् ।

सौन्दर्यनिर्जितरति द्विजराजकान्ति

कान्तामिहातिविमलत्वमहागुणेन ॥ २९ ॥

二十九

直到现在，千方百计寻觅后，
　　我还没见过像她那样的容颜——
美丽赛过罗蒂①，皎皎似明月，
　　纯洁无瑕，具有殊胜的品格。

---

① 罗蒂：爱神迦摩之妻，以美艳著称。

अद्यापि तां क्षणवियोगविषोपमेयां

सङ्गे पुनर्बहुतराममृताभिषेकाम् ।

तां जीवधारणकरीं मदनातपत्राम्-

उद्वृत्तकेशनिवहां सुदतीं स्मरामि ॥ ३० ॥

三十

直到现在，我还念着她，皓齿美人；
　　刹那的别离好比毒药，重逢好似
甘露灌顶；她，是我生命的维持者，
　　丰美头发保护我免受情热灼伤。

अद्यापि वास गृहतो मयि नीयमाने

दुर्वारभीषणकरैर्यमदूतकल्पैः ।

किं किं तया बहुविधं न कृतं मदर्थे

वक्तुं न पार्यत इति व्यथते मनो मे ॥ ३१ ॥

三十一

直到现在，我心还在痛：当我被那些
　　阎摩使者般可畏而不可抗拒的手
从她的闺房之中拖出时，她为救我
　　所做的种种努力简直都无法言说。

第三十二颂配图

अद्यापि मे निशि दिवा हृदयं दुनोति

पूर्णेन्दुसुन्दरमुखं मम वल्लभायाः ।

लावण्यनिर्जितरतिक्षितिकामदर्प

भूयः पुरः प्रतिपदं न विलोक्यते यत् ॥ ३२ ॥

三十二

直到现在，我的心还日夜疼痛，
　　想到无论何处都再也见不到
我爱人那满月似的可爱面容——
　　美丽赛罗蒂，摧破迦摩的骄傲。

第三十三颂配图

46

अद्यापि तामवहितां मनसाचलेन

संचिन्तयामि युवतीं मम जीविताशाम् ।

नान्योपभुक्तनवयौवनभारसारां

जन्मान्तरे ऽपि मम सैव गतिर्यथा स्यात् ॥ ३३ ॥

三十三

直到现在，我还一心一意地念着她，

　　钟情于我的少女，我在此生的希望；

没有别人尝过她青春的最好部分。

　　即便在来世，她照样会是我的归宿。

अद्यापि तद्वदनपङ्कजगन्धलुब्ध-

　भ्राम्यद्द्विरेफचयचुम्बितगण्डदेशाम् ।

लीलावधूतकरपल्लवकङ्कणानां

　क्वाणो विमूर्च्छति मनः सुतरां मदीयम् ॥ ३४ ॥

三十四

直到现在，我心中还常常萦绕
　这样的情景：被贪恋人面莲花
香气而扑来的黑蜂狂吻双颊，
　她玩儿似的摆手，手镯叮当响。

अद्यापि तां नखपदं स्तनमण्डले यद्-

दत्तं मयास्यमधुपानविमोहितेन ।

उद्भिन्नरोमपुलकैर्बहुभिः समन्ताज्-

जागर्ति रक्षति विलोकयति स्मरामि ॥ ३५ ॥

三十五

直到现在，我还记得，酣饮^①时
　　我在她乳上留下掐痕，令她
浑身汗毛直竖，如花儿绽放，
　　于是她保持警醒，小心提防。

---

① 指接吻。把接吻比作啜饮甘露是古典梵语诗的滥调之一。

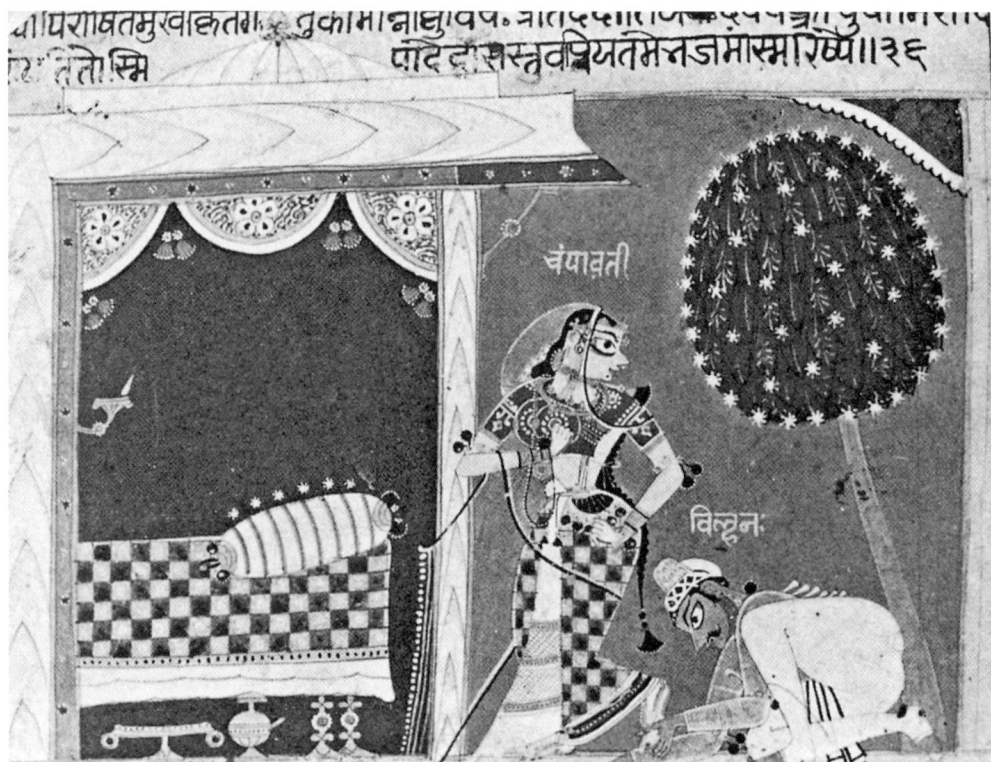

第三十六颂配图

अद्यापि कोपविमुखीकृतगन्तुकामा

नोक्तं वचः प्रतिददाति यदैव वक्रम् ।

चुम्बामि रोदिति भृशं पतितो ऽस्मि पादे

दासस्तव प्रियतमे भज मां स्मरामि ॥३६॥

三十六

直到现在，我还记得：她生气转身要走，

  不发一语，不应一声之时，我亲她吻她；

她放声大哭起来；我就扑倒在她脚下：

  "我是你的奴仆，最最亲爱的，奴役我吧！"

第三十七颂配图

अद्यापि धावति मनः किमहं करोमि

सार्धं सखीभिरपि वासगृहं सुकान्ते ।

कान्ताङ्गसंगपरिहासविचित्रनृत्ये

क्रीडाभिराम इति यातु मदीयकालः ॥ ३७ ॥

三十七

直到现在，我的心还跑向——我还能干啥？——

　那美丽闺房，那里有许多侍女作陪伴，

有爱人肌肤相亲，有种种欢快的舞蹈，

　有尽情玩乐：愿我的时光就如此消磨。

第三十八颂配图

54

अद्यापि तां न खलु वेद्मि किमीशपत्नी

शापं गता सुरपतेरथ कृष्णलक्ष्मी ।

धात्रैव किं नु जगतः परिमोहनाय

सा निर्मिता युवतिरत्नदिदृक्षया वा ॥ ३८ ॥

三十八

直到现在，我都不知她是谁，是上主之妻①，
　　是受天帝诅咒者②，还是黑天的吉祥女神③？
或者说，她被造就成器，是要让世人癫狂，
　　还是造物主④自己想要观赏少女宝贝？

---

① 印度教湿婆派教徒奉破坏大神湿婆为上主，其妻为喜马拉雅山神之女波哩婆提，以美貌著称。
② 印度神话传说，美丽的天女优哩婆湿受天帝因陀罗诅咒，被贬谪人间，下嫁凡人。
③ 黑天是印度教保护大神毗湿奴的第八化身。吉祥女神是毗湿奴的配偶，以美貌著称。
④ 指印度教创造大神梵天。

अद्यापि तां जगति वर्णयितुं न कश्चिच्-

च्छक्नोत्यदृष्टसदृशीं च परिग्रहं मे ।

दृष्टं तयोः सदृशयोः खलु येन रूपं

शक्तो भवेद्यदि स एव नरो न चान्यः ॥ ३९ ॥

三十九 ①

直到现在，这世上，还没有谁能
　描绘我女人；没有见过可与她
媲美者；除非有人曾见过两位
　同等绝色者，别人都无法办到。

---

① 此颂在达跋底哩伽尔本中为第三十八颂，前一颂为第三十九颂。而据配图和米勒本，此二颂次序应颠
　倒过来。

第四十颂配图

अद्यापि तन्नयनकज्जलमुज्ज्वलास्यं

विश्रान्तकर्णयुगलं परिहासहेतोः ।

पश्ये तवात्मनि नवीनपयोधराभ्यां

क्षीणं वपुर्यदि विनश्यति नो न दोषः ॥४०॥

四十

直到现在，我还在心里看见你那眼黛
　　浓黑、耳戴成对坠饰的灿烂欢颜；如果
为了开玩笑，你因身形不胜鲜嫩双乳
　　重负而虚耗至死，那可不是我的过错。

अद्यापि निर्मलशरच्छशिगौरकान्ति

चेतो मुनेरपि हरत्किमुतास्मदीयम् ।

वक्रं सुधामयमहं यदि तत्रपद्ये

चुम्बन्निबाम्यविरतं व्यधते मनो मे ॥४१॥

四十一

直到现在，如果得以再亲近那充满
　　甘露的嘴，我还会不断畅饮——那好似
秋月皎洁的容颜会吸引圣人注意，
　　更何况我辈！——但现实令我心痛不已！

第四十二颂配图

अद्यापि तत्कमलरेणुसुगन्धगन्धि

तत्प्रेमवारि मकरध्वजपातकारि ।

प्राप्नोम्यहं यदि पुनः सुरतैकतीर्थं

प्राणांस्त्यजामी नियतं तद्वाप्तिहेतोः ॥ ४२ ॥

四十二

直到现在，假如能再度抵达那独一
　无二的欢爱浴场^①——那里有情水散发
莲蕊的香气，涤净爱神的堕落秽行——
　肯定，我还会放弃生命也要得到它。

---

① 喻指爱人的肉体。

第四十三颂配图

अद्याप्यहो जगति सुन्दरलक्षपूर्णे

अन्यान्यमुत्तमगुणाधिकसंप्रपन्ने ।

अन्याभिरप्युपमितुं न मया च शक्यं

रूपं तदीयमिति मे हृदये वितर्कः ॥ ४३ ॥

四十三

直到现在，在这个充满美丽

　　事物，彼此争艳竞美的世间，

啊哈，我都无法拿别个与她

　　姿色相比：这是我的心里话。

अद्यापि सा मम मनस्तटिनी सदास्ते

रोमाञ्चवीचिविलसद्विपुलस्वभावा ।

कादम्बकेशररुचिः क्षतवीक्षणं मां

गात्रक्रमं कथयती प्रियराजहंसी ॥ ४४ ॥

四十四

直到现在，那珍爱的天鹅还总是占据着

  我的心：她好像一条河，扬着骇人的浪波，

放纵着宽广的天性；像乌檀^①花蕊般明艳，

  诉说着肢体的疲倦；我凝视着她的伤痕。

---

① 乌檀：音译迦昙波，一种热带常绿乔木，花绒球状，橘黄色，有香气。此树与诸多神话传说有关，据
  说其浓荫是保护大神毗湿奴第八化身黑天与牧女罗陀欢爱之所。

अद्यापि तां नृपती शेखरराजपुत्रीं

संपूर्णयौवनमदालसघूर्णनेत्रीम् ।

गन्धर्वयक्षसुरकिंनरनागकन्यां

स्वर्गादहो निपतितामिव चिन्तयामि ॥४५॥

四十五

直到现在，我还思念着那公主，
　　洋溢着青春的慵懒，明眸流盼，
啊哈，就好似乾达婆①、药叉②、修罗③、
　　紧那罗④或龙的女儿谪自天庭。

---

① 印度神话中天界的歌神。
② 印度神话中的一种半神，姿容姣好。
③ 印度神话中天界的正神。
④ 印度神话中的一种人身马面或人面马身的怪物，后来被奉为乐神，与乾达婆同列。

अद्यापि तां निजवपुः कृशवेदिमध्याम्

उत्तुंगसंभृतसुधास्तनकुम्भयुग्माम् ।

नानाविचित्रकृतमण्डमण्डिताङ्गीं

सुप्तोत्थितां निशि दिवा न हि विस्मरामि ॥ ४६ ॥

四十六

直到现在，我还日夜都不能忘记她：
　　腰身如祭坛[1]，中段细瘦，双乳似盛满
甘露的罐子高悬，刚刚睡醒起床来，
　　用各式各样的美丽饰物装点肢体。

---

[1] 此处指一种沙漏形祭坛，常用以比拟美女形体。

अद्यापि तां कनककान्तिमदालसाङ्गीं

ब्रीडोत्सुकां निपतितामिव चेष्टमानाम् ।

अगांगसंगपरिचुम्बनजातमोहां

तां जीवनौषधिमिव प्रमदां स्मरामि ॥ ४७ ॥

四十七

直到现在，我还记得她，那年轻荡妇，
　遍体金色辉煌，又慵懒又羞涩不安，
举止似摇摇欲坠，因肌肤相亲、唇吻
　相接而晕倒，像是救命的万应灵药。

अद्यापि तत्सुरतकेलिनिरस्त्रयुद्धं

बन्धोपबन्धपतनोत्थितशून्यहस्तम् ।

दन्तौष्ठपीडननखक्षतरक्तसिक्तं

तस्याः स्मरामि रतिबन्धुरनिष्ठुरत्वम् ॥ ४८ ॥

四十八

直到现在，我还记得她欢爱的厉害

　　手段，那不用武器的欲乐战争，种种

交合姿势，或颠倒或起伏，徒手肉搏，

　　牙咬唇，爪掐肉，直至弄得鲜血淋漓。

अद्याप्यहं वरवधूसुरतोपभोगं

जीवामि नान्यविधिना क्षणमन्तरेण ।

तद्भ्रातरो मरणमेव हि दुःख शान्त्यै

विज्ञापयामि भवतस्त्वरितं लुनीध्वम् ॥ ४९ ॥

四十九

直到现在，我都无法以别的方式生活
　　片刻，若无那绝色少女共享爱欲之乐。
那么，兄弟，唯有死亡才能平息这痛苦，
　　为此我恳求你们，快快砍下我的头颅！

अद्यापि नोज्झति हरः किल कालकूटं

कूर्मो बिभर्ति धरणीं खलु पृष्ठभागे ।

अम्भोनिधिर्वहति दुःसहवाडवाग्निम्

अङ्गीकृतं सुकृतिनः परिपालयन्ति ॥ ५० ॥

五十

直到现在，湿婆仍没有放弃那致命

    毒药[1]；巨龟仍稳稳把大地驮在背上[2]；

---

① 印度神话传说，天神与阿修罗合作搅乳海，从中搅出（一说是充当搅绳的蛇王所吐）一坨足以毁灭世界的
    毒药。为拯救世界，破坏大神湿婆毅然将毒药吞下，其妻波哩婆提用神力阻止毒药下降，使之止于湿婆喉
    中。药力致使大神颈部变成青黑色，故又得名"青颈"。

② 印度神话传说，天神与阿修罗合作搅乳海时，保护大神毗湿奴化身为巨龟，在海底驮着充当搅棒的曼多罗
    山，以免大地承受不住。

海洋仍容纳难以承受的地狱之火[①]；
　　文明善良之人仍坚守一贯的传统。

---

① 据《吠陀》传说，祭火扫笈伽目睹兄弟被毁灭，遂藏身于海底。另据史诗《摩诃婆罗多》，火神遭仙人婆利古诅咒，羞愤之余躲入海底，后经众天神劝解，才重出参加祭祀仪式。

参考文献

Apte, Vaman Shivram. *The Practical Sanskrit-English Dictionary*. Delhi: Motilal Banarsidass, 1965. 11th reprint, 2010.

Bihana: *Caurapancasika*. Based on the ed. by S. N. Tadpatrikar. Poona: Oriental Book Agency, 1966 (Poona Oriental Series, 86). Input by Somadeva Vasudeva. Göttingen Register of Electronic Texts in Indian Languages <http://www.sub.uni-goettingen.de/ebene_1/fiindolo/gretil/1_sanskr/5_poetry/2_kavya/bicauppu.htm>.

"Bilhana: The Fifty Stanzas of a Thief", in *Love Lyrics by Ámaru, Bhartṛhari and Bilhaṇa*. eds. and trans. Richard Gombrich. The Clay Sanskrit Library. New York University Press and JJC Foundation, 2005. 277–315.

Brown, Charles Philip. *Sanskrit Prosody and Numerical Symbols*. 1869. Reprint, New Delhi: Asian

Publication Services, 1981.

Das, Sisir Kumar. *A History of Indian Literature*. New Delhi: Sahitya Akademi, 2005.

Devadhar, Chintaman Ramachandra. *Amaruśatakam with Śṛṅgāradīpikā of Vemabhūpāla: A Centum of Ancient Love Lyrics of Amaruka*. Poona: Oriental Book Agency, 1959. Reprint, Delhi: Motilal Banarsidass, 1984.

Ingalls, Daniel H. H. *Sanskrit Poetry from Vidyākara's "Treasury"*. Cambridge: Harvard University Press, 1965. 3rd printing, 1979.

Keith, A. B. *A History of Sanskrit Literature*. Oxford: Oxford University Press, 1920; reprint 1953.

Kosambi, D. D. and V. V. Gokhale, eds. *Subhāṣitaratnakoṣa of Vidyākara*. Harvard Oriental Series, Vol. XLII. Cambridge: Harvard University Press, 1957.

MacDonnell, Arthur A. *A History of Sanskrit Literature*. New York: Cosimo, 2005.

Miller, Barbara Stoler. *Phantasies of a Love-Thief: The* Caurapañcāśikā *attributed to Bilhana*. New York and London: Columbia University Press, 1971 (Studies in Oriental Culture No. 6).

Monier-Williams, M., et al. *A Sanskrit-English Dictionary*. Oxford: Oxford University Press, 1899. 16th reprint, Delhi: Motilal Banarsidass, 2011.

Mukherji, Amulyadhan. *Sanskrit Prosody: Its Evelution*. Calcutta: Sarawat Library, 1976.

Nyaupane, Kashinath & Wieslaw Mical, eds. *Sanskrit Metres.* Katmandu: Rangjung Yeshe Institute, 2010.

Selby, Martha Ann. *Grow Long, Blessed Night: Love Poems from Classical India.* Oxford: Oxford University Press, 2000.

Tadpatrikar, S. N. *Caurapañcāśikā: An Indian Love Lament of Bilhana Kavi.* Poona: Oriental Book Agency, 1966 (Poona Oriental Series No. 86).

Warder, A. K. *Indian* Kāvya *Literature*. Vol. 6. Delhi: Motilal Banarsidass, 1992.

黄宝生：《印度古典诗学》，北京：北京大学出版社，1993 年。

黄宝生译：《梵语诗学论著汇编》，北京：昆仑出版社，2008 年。

黄宝生：《梵语文学读本》，北京：中国社会科学出版社，2010 年。

黄宝生：《梵学论集》，北京：中国社会科学出版社，2013 年。

金克木：《梵语文学史》，南昌：江西教育出版社，1999 年。

施坦茨勒，A. F. 著，季羡林译，段晴、范慕尤续补：《梵文基础读本》，北京：北京大学出版社，2009 年。

附　录

梵语诗歌现代汉译形式初探

——以《妙语宝库》为例

一、译诗的类型

仅就形式而言，译诗大致可分成五种类型：

1. 散文型。例如英译基督教圣经、荷马史诗，汉译但丁《神曲》、莎士比亚诗剧，英译梵语诗等。

2. 分行对应型。例如英译但丁《神曲》等。

3. 现成诗体型。例如蒲柏译荷马史诗，汉译佛教经典、"五四"前汉译英诗等。

4. 自由诗体型。例如庞德译中国古诗、英译梵语诗等。

5. 模拟诗体型。例如萨里伯爵译维吉尔史诗、菲茨杰拉德译《鲁拜集》等。

古今中外的译诗大抵不出这几个类型。这些类型都有其存在的合理性。一般来说，最初的翻译，可能都会选择散文型，因为翻译成诗体的话，难度较大，由于形式的限制，意义上会有损失。那么在宗教或哲学方面，有些强调义理的翻译，就可能舍弃形式，而追求意义的准确。分行对应型跟散文型没有质的区别，只不过逐行（不必是逐句）与原文相对应而已。过去的书中，不论中外，诗都是不分行排印的，例如基督教的"圣经"。即使分行的话，其实也是散文，可以说是分行的散文。现成诗体型，意思是说，用译入语里原有的现成诗体来对应译出语的诗体，二者不必相同，只是身份相当而已，例如把英语传统格律诗译成汉语传统格律诗体。自由诗体型译诗不必与原文逐行对应，而是另行分行，这就跟分行对应型有所区别。这种译法是自由诗体出现以后才有的。模拟诗体型是模拟译出语的诗体来译，在译入语中算是另铸新体，但往往有所修订。

二、用诗体译诗的理由

上述几种类型依次渐难。由于历史的原因，不是所有的诗体都是同时出现的，但是发展到现在，已知的诗体应该都可以同时应用。那么，相应的几种译法也都有存在的理由。既然如此，为什么我们还要把诗译成诗呢？译成散文不就行了吗？其他几种还有存在的必要吗？如果说，译成散文是出于文学之外的考虑，是不得已而为之，那么以文学效果为目的的翻译，形式还是应该注重的。诗是形式和内容结合得最为紧密的一种文体，可以说是二者的有机结合体。随着时间发展，虽说有些诗歌作品已经有了散文译本，但有些读者可能会觉得不满足，尤其是爱好文学创作的读者，可能想要了解原文的形式是什么样子的。有能力的译者也可能想要挑战自己，尝试把初步的散文译稿加工成诗体，或者直接从原文译成诗体。

三、关于译诗用语和形式的考量

诗译成什么样为好呢？前面说过，各种类型都有理由存在，但又受历史的局限。其实，译诗主要有两个方面，一个是语言，一个是形式。笔者认为语言最好用译者的当代语，形式则最好模拟原诗体式自创新体。以下再就这两个主张稍加论证。

一般说来，古今中外的翻译，都是面向当代读者的。本来一门外语，本国读者不懂，翻译过来是要让他们懂，而且要让多数读者懂，所以无论原文是什么时代的，一般都应用当代语言。例如基督教"圣经"的翻译，不说英语，只看汉语的"和合本"，我们知道，就是采用"五四"以前当时的口语。还有佛经，各代的翻译也是用当时的口语，而不是用秦汉以前纯正的文言。还有元朝的行政法令，从蒙古语翻成汉语，用的完全是当时的口语。口语是最鲜活的东西，能还原原诗创作之初的新鲜感。译诗应该给读者以当代感，即《诗经》时代读者读《诗经》的感觉，而不应给读者以古董感，即现代读者读《诗经》的感觉，哪怕原文是相当于《诗经》时代的佛经。若说面向少数读者，我们玩高雅，翻成古体，也并无不可，就是现成诗体对应型，翻成五言、七言之类的文言诗。但要面向大众，还得再翻译一道。所以这是一个策略问题。

还有一个历史条件限制问题。在"五四"之前，林纾的翻译比较流行，因为他面向的主要是受过文言文训练的读者，但对于今天的一般读者，他翻译的东西就又都得重译了。这是语言的限制。梁启超、马君武、苏曼殊、胡适等译拜伦这样的英国浪漫主义诗人的诗，不得不用古诗体，因为在那之前汉语里还没有自由诗体，他们只能用词曲体、七言体、五言体，甚至更古老的骚体等现成诗体。这是历史条件的限制。胡适的第一首真正意义的现代诗其实不是其广被引用的那首《蝴蝶》（1916），因为它还是没有脱离五言诗的窠臼，而是他译自美国诗人萨拉·蒂斯代尔原题《屋顶上》一诗的《关不住了》（1918）。后者从语言到形式都是现代的，前所未有的。类似地，在英语里面，从前译诗，要么翻成散文，要么翻成现成诗体，是在埃兹拉·庞德据翟理斯的中国古诗译文改写的四首意象主义诗作（1914）问世之后才开始有了自由诗体的翻译。在自由诗体出现之前，可以说，无论中外，所有传统诗都是格律诗。现在，把格律诗一律译成自由体，就体现不出原诗形式的规整性。若用现成诗体来译，则还须相应地用地道的文言古语，否则由于发展滞后的旧诗体与日新月异的现代语言相错位，很可能会产生有失庄重的"打油诗"效果。庞德、威廉斯等美国诗人意识到英国传统诗体已不适合美国现代英语的节奏，于是致力于创造新节奏新诗体。同样，中国传统诗体是在文言或古代白话句法基础上发展出来的节奏模式，早已不适合现代口语甚至书面语的节奏了，创造新的诗体势在必行。而创造往往始于模仿。

那么，译格律诗，除了使用现成诗体或散文体，有无可能模拟译出语的诗体？就是说，根据译出语原作的诗体，在译入语中通过模拟，创造出一种原本没有的、近似译出语诗体的译诗形式。这不无可能，在诗歌翻译史上也不乏先例。例如英语里面的萨里伯爵在译维吉尔的《埃涅阿斯纪》过程中创造了无韵体；其后，莎士比亚用这种诗体创作了大量诗剧，弥尔顿用来创作了两大史诗《失乐园》和《复乐园》。可见翻译对创作会有所促进，在翻译过程中往往会创造新的形式，而创造往往基于从内容到形式的全面模仿引进，而不是满足于旧瓶装新酒。或者说创作和翻译是互相促进的。例如乔叟从法国学会了用英雄双行体写诗，后来亚历山大·蒲柏用这种诗体来译荷马。这等于说是用了现成诗体。中国也有这种情况，如汉译佛经中的偈颂部分就等于汉语中的无韵体，可以说是用现成诗体（五言、七言）对应，也可以说是某种程度的模拟诗体（整齐、无韵）。模拟诗体往往需要根据译入语的习惯加以修饰或稀释，因为完全的模拟很难，不得不有所变通。所以，模仿中必有创造。在某种意义上，模仿即创造。

另外，汉语有一个优势，即模仿能力非常强，容量和弹性较大，几乎可以模仿世界上任何诗体。相比之下，英语就比较困难，因为它的韵部较多，韵词就少，押韵较难。所以梵语诗歌的英译本不是散文体就是自由诗体，很少有现成诗体，更何况模拟诗体了。但是汉语就可以不太困难地做到一定程度的模拟。

四、如何模拟诗体

在20世纪30年代前后，闻一多、朱光潜、孙大雨等受西方诗律学中节奏的最小单位"音步"（foot）概念的启发，几乎同时分别发现了汉语诗歌里面的最小节奏单位原来不是单音的"言"，而是多音的"音尺"或"顿"或"音组"。也就是说，犹如人自然说话时，是一个词或者一个短语一组（顿）地说，而不是一个字一个字地说，诗的各行如果只是字（音）数相等，并不意味着它的节奏是必然和谐的，或者说，是合律的。他们认为应该按音组（顿）为单位划分节奏，音组（顿）数一致才算和谐。但是，笔者认为这还不够好，不够和谐；音组（顿）的组合排列格式还要有序，才真够和谐。

例一：各行音数相等，顿数不等，顿格无序（音数型）。

暮秋的｜田野上｜照着｜斜阳，	十音四顿（**3322**）
长的｜人影｜移过｜道路｜中央；	十音五顿（**22222**）
干枯了的｜叶子｜风中｜叹息，	十音四顿（**4222**）

飘落在｜还乡人｜旧的｜军装。　　　　　十音四顿（3322）
　　　　　——朱湘《还乡》

例二：各行顿数相等，音数不等，顿格无序。（顿数型）

你从｜金谷中｜奔来，｜脸蛋｜红扑扑，　　五顿十二音（23223）
眉间的｜忧郁｜被暂时的｜喜悦｜掩盖；　　五顿十三音（32422）
葡萄糖｜钙液｜刚渗入｜我的｜血脉，　　　五顿十二音（32322）
我浑身｜发烧，｜对着你｜却激动｜无语。　五顿十三音（32332）
　　　　　——屠岸《福音传递者》

例三：各行音数、顿数均等，顿格无序。（音数－顿数型）

这是｜一沟｜绝望的｜死水，　　　　　　　九音四顿（2232）
清风｜吹不起｜半点｜漪沦。　　　　　　　九音四顿（2322）

86

不如｜多扔些｜破铜｜烂铁，　　　　　　　九音四顿（2322）

爽性｜泼你的｜剩菜｜残羹。　　　　　　　九音四顿（2322）

　　　　　　——闻一多《死水》

例四：相应行音数、顿数均等，顿格有序。（音数－顿数－顿格有序型）

青石头｜栏杆｜玉石头｜桥，　　　　　　九音四顿（3231）

蓝石头｜底里的｜牡丹；　　　　　　　　八音三顿（332）

生下的｜俊来｜长下的｜好，　　　　　　九音四顿（3231）

还说是｜阿哥的｜眼馋。　　　　　　　　八音三顿（332）

　　　　　　——甘肃花儿

　　从以上的节奏分析可以直观地看出，例一到例四依次逐渐愈加整齐有序，格律愈加严谨，音韵也就愈加和谐。又如，卞之琳在《哼唱型节奏（吟调）和说话型节奏（诵调)》一文中所举的一组自作诗例。①

一稿：

有一位｜工人｜勇敢｜又年轻　　　　　　　十音四顿（3223）

两人｜说完姓｜又道了｜道名　　　　　　　十音四顿（2332）

拿｜工农的｜心｜来写｜新诗经　　　　　　十音五顿（13123）

大好的｜河山｜还要｜大刷新　　　　　　　十音四顿（3223）

二稿：

有一位｜工人｜勇敢｜又年轻　　　　　　　十音四顿（3223）

两人｜说完姓｜道了｜一道名　　　　　　　十音四顿（2323）

就拿｜工农心｜来写｜新诗经　　　　　　　十音四顿（2323）

_____

① 见卞之琳《人与诗：忆旧说新》，北京：三联书店，1984年，页215—216。

大好的｜河山｜要大大｜刷新　　　　　　　　　　　十音四顿（3232）

三稿：

有一位｜工人｜勇敢｜又年轻　　　　　　　　　　　十音四顿（3223）
两人｜说完话｜又道了｜姓名　　　　　　　　　　　十音四顿（2332）
大好的｜河山｜还要｜大刷新　　　　　　　　　　　十音四顿（3223）
就拿｜工农心｜写一部｜诗经　　　　　　　　　　　十音四顿（2332）

卞之琳自认为第一稿"别扭"；第二稿"就不那么别扭"；第三稿"似乎更不见得别
扭"了。为什么呢？他只是把最后一种效果归因于"参差里匀称"，可惜并没有把它作为
格律诗的标准模式之一加以重视和提升。其实，对照前面的诗例，可知第一稿属音数型，
第二稿属音数－顿数型，第三稿属音数－顿数－顿格有序型。第一稿有一行出律了，即
第三行十音五顿，与其他三行十音四顿重复形成的体式不合。第二稿各行都是十音四顿，
音数和顿数都相等，但各行顿格不尽一致，只有二三两行顿格一样，但很可能出于偶然。

第三稿各行音数和顿数都相等，且一、三和二、四行顿格又分别相应，即顿格有序，所以才最为和谐。这一规律其实不是笔者的发明，只是发现而已，因为这是早已有之的。传统诗为什么和谐？就是因为符合这个规律。过去研究传统诗格律大都只着眼于音（言）数和平仄，但那不是节奏的根本所在；根本的东西除了顿数，还在于顿格有序！

那么我们再用古诗来验证一下。

国破｜山河｜在，　　　　　　　五音三顿（221）

城春｜草木｜深。　　　　　　　五音三顿（221）

感时｜花｜溅泪，　　　　　　　五音三顿（212）

恨别｜鸟｜惊心。　　　　　　　五音三顿（212）

烽火｜连｜三月，　　　　　　　五音三顿（212）

家书｜抵｜万金。　　　　　　　五音三顿（212）

白头｜搔｜更短，　　　　　　　五音三顿（212）

浑欲｜不｜胜簪。　　　　　　　五音三顿（212）

　　　　—— 杜甫《春望》

五言诗最基本的顿格只有两种，221和212，其实本来是23和23，但是可以把3再细分成21或者12。如果不符合这两种顿格，就不和谐，就应算拗格了。可以看出，杜甫这首诗是顿格有序的。那么，七言只是前面再多加两个音而已，例如：

凤凰｜台上｜凤凰｜游，　　　　　　七音四顿（2221）

凤去｜台空｜江｜自流。　　　　　　七音四顿（2212）

吴宫｜花草｜埋｜幽径，　　　　　　七音四顿（2212）

晋代｜衣冠｜成｜古丘。　　　　　　七音四顿（2212）

三山｜半落｜青天｜外，　　　　　　七音四顿（2221）

二水｜中分｜白鹭｜洲。　　　　　　七音四顿（2221）

总为｜浮云｜能｜蔽日，　　　　　　七音四顿（2212）

长安｜不见｜使｜人愁。　　　　　　七音四顿（2212）

　　　　　　　——李白《登金陵凤凰台》

　　李白这首诗略微复杂一点。三至八行两两交替相应，而一、二行分属两种不同顿格，可以看作是一处小小的拗格。在实际创作中，对标准格律模式稍加变化，形成拗格，是允许的，甚至是必要的，因为过分拘泥于整齐，会导致节奏的单调乏味。英文诗里也是如此，莎士比亚等大家就最善于使用拗格。

我们再看佛经偈颂的翻译：

तारका तिमिरं दीपो मायावश्याय बुद्बुदम्।

सुपिनं च विद्युदभ्रं च एवं द्रष्टव्यं संस्कृतम्॥

一切｜有为｜法，	五音三顿（221）
如｜梦幻｜泡影，	五音三顿（122）
如露｜亦｜如电，	五音三顿（212）
应作｜如是｜观。	五音三顿（221）

　　　　　　——鸠摩罗什译《金刚经》

92

原诗格律是阿奴湿图朴体（anuṣṭup），四句（pāda），每句八音（其中第三句多一个音节，盖因佛经所用混合梵语不甚规范），相当于汉语诗的两联四句。汉译仅用五音，语义已足，故不必像原诗那样非用八音不可。原诗三音一组（gaṇa），汉译每句三顿倒相当于原诗的两个半音组，因为其中有一顿仅一音而已。第二行"如梦幻泡影"，是散文句法，因为不符合221或者212节律，而是122，所以读起来拗口，影响了整首诗的韵律感。这就是中国的无韵体，或修正版的五言诗，既不押韵，节奏也不完全有序。

　　模拟诗体应该是在了解译出语和译入语双方诗律的前提下，依据相应的内在规律，所做的创造性移植，而非仅仅拘泥于外在细节的机械模仿。要在发挥译入语特点，创造符合其习惯的外在形式细节。梵语诗既然无一例外全都是格律诗，就理应以格律诗译出。其传统体式有大约150种之多，严谨而又变化多端，所以仅用汉语现成的五、七言体来对应就显得捉襟见肘；若全用自由诗体来译则显不出其整齐庄严的难度和妙处，那就理应通过相应的模拟，在汉语中创造原本所无的体式，以仿佛梵语原诗之大概，从而也为现代汉语诗律创造提供实验实例。

　　以下就是笔者所做的模拟诗体型梵汉翻译尝试。原文选自公元11世纪孟加拉佛教僧人维迪亚迦罗所编历代梵语抒情诗选集《妙语宝库》。

例一：

प्रारब्धो मणिदीपयष्टिषु वृथा पातः पतङ्गैरितो

गन्धान्धैरभितो मधुव्रतकुलैरुत्पक्ष्मभिः स्थीयते ।

वेल्लद्बाहुलताविलोकवलयस्वानैरितः सूचित

व्यापाराश्च नियोजयन्ति विविधान्वराङ्गना वर्णकान् ॥

此刻｜粉蛾｜开始｜飞舞，	八音四顿（2222）
愚蠢地｜扑向｜宝灯柱；	八音三顿（323）
蜂群｜停在｜花蕊｜之上，	八音四顿（2222）
因香气｜而完全｜盲目；	八音三顿（332）
此刻｜手镯｜颤动｜作响，	八音四顿（2222）?

94

想必是│倡家│众女郎，　　　　　　　　八音三顿（323）

舒卷│藤蔓│似的│柔臂，　　　　　　　八音四顿（2222）

正纷纷│描画着│浓妆。　　　　　　　　八音三顿（332）

　　　　　　　——摩勒耶山王《黄昏咏》（傅浩译）

　　原诗格律是虎戏体（sārdūlavikrīḍita）：每句十九音，第一、三、五、七半句各十二音，第二、四、六、八半句各七音，长短交替错落。相应地，汉译第一、三、五、七行各四顿，第二、四、六、八行各三顿，同样体现了长短交替错落的节奏。只不过前者是音数，后者是顿数的错落。这就是有序相应的模拟。不一定要跟原诗的音数相同，而应在译入语里自成一体；不是与原诗外形亦步亦趋，而是内在精神相应。

　　例二：

अनुद्धुष्टः शब्दैरथ च घटनातः स्फुटरसः

पदानामर्थात्मा रमयति न तूत्तानितरसः ।

यथा किंचित्किंचित्पवनचलचीनांशुकतया

स्तनाभोगः स्त्रीणां हरति न तथोन्मुद्रिततनुः ॥

真正 | 诗味 | 不显于 | 字面，   九音四顿（2232）

诗意 | 灵魂 | 是凭借 | 谋篇，   九音四顿（2232）

而不是 | 诗味 | 直露，   七音三顿（322）

才令人 | 愉悦；   五音二顿（32）

正如 | 女人 | 乳房的 | 曲线，   九音四顿（2232）

由于 | 罗衫 | 在风中 | 微颤，   九音四顿（2232）

而不是 | 由于 | 裸露，   七音三顿（322）

才动人 | 心魄。   五音二顿（32）

——婆罗讷《诗人赞》（傅浩译）

原诗格律是高山体（śikhariṇī）：每句十七音，第一、三、五、七半句各六音，第二、四、

96

六、八半句各十一音，长短交替错落。汉译虽然不完全与原诗节奏模式相应，但自成一体，相应行也是有序呼应的，有如词曲的上下阕一样，错落中整齐，念出来也有一定的和谐感。

例三：

अविदितगुणापि सत्कविभणितिः कर्णेषु वमति मधुधाराम्।

अनधिगतपरिमलापि हि हरति दृशं मालतीमाला ॥

好诗人｜言语，｜妙处｜虽未知，　　　　　十音四顿（3223）

在众人｜耳中，｜已灌入｜蜜汁；　　　　　十音四顿（3232）

茉莉花｜花环，｜香气｜虽未至，　　　　　十音四顿（3223）

在众人｜眼中，｜已显出｜魅力。　　　　　十音四顿（3232）

　　　——妙友《诗人颂》（傅浩译）

原诗格律是阿利雅体（āryā），属迦蒂（jāti）类格律，与前面几种格律不同，其基本单位不是音组（gaṇa），而是拍子（mātrā）；短音算一拍，长音算两拍，故第一、三半句各十二拍，第二半句十八拍，第四半句十五拍，倒是不太整齐，有点像汉语的词曲了。汉译却相当整齐，但第一、三行和第二、四行的顿格又不同，多少体现了一些错落不齐的味道。其实以上三例都是先有内容，再抟揉成形，而非先定形式，再削足适履的产物。正如罗伯特·克利利所说，"形式不过是内容的延伸"[①]，这些译诗可以说是有格律的自由诗，而非自由的格律诗，因为每一种形式都只适合它的内容。

参考书目：

北京大学等主编：《新诗选》第一册，上海：上海教育出版社，1979 年。

卞之琳：《人与诗：忆旧说新》，北京：三联书店，1984 年。

海岸选编：《中西诗歌翻译百年论集》，上海：上海外语教育出版社，2007 年。

《金刚般若波罗蜜经》，鸠摩罗什译，《中华大藏经》电子版 No. 235 [Nos. 220(9), 236–239]。

---

① Charles Olson, "Projective Verse", in *Selected Writings*, ed. Robert Creeley, New Directions, 1966, p. 15.

彭定求等编：《全唐诗》，北京：中华书局，1960年。

屠岸：《深秋有如初春：屠岸诗选》，北京：人民文学出版社，2003年。

Olson, Charles. *Selected Writings.* ed. Robert Creeley. NY: New Directions, 1966.

Sanskrit Metres. prepared by Nyaupane, Kashinath & Mical, Wieslaw. Rangjung Yeshe Institute, 2010.

Sanskrit Poetry from Vidyākara's "Treasury". trans. Ingalls, Daniel H. H. Cambridge: Harvard University Press, 1965; 1979.

The Subhāṣitaratnakoṣa. eds. Kosambi, D. D. & Gokhale, V. V. Cambridge: Harvard University Press, 1957.

Vajracchedika Prajnaparamita. ed. Vaidya, P.L. *Mahayana-sutra-samgrahah*, Part 1. Darbhanga: The Mithila Institute, 1961 (Buddhist Sanskrit Texts, 17).

（原载《北大南亚东南亚研究》集刊第二卷，北京：中国青年出版社，2014年11月第1版。收入本书时有所修订）